CHERCHE et TROUVE

MARVEL

SPIDER-MAN

pi kids

PETER PARKER AIMERAIT BIEN PASSER UNE JOURNÉE AU LYCÉE SANS SE FAIRE MALMENER PAR FLASH THOMPSON. PETER ET SON MEILLEUR AMI, HARRY OSBORN, FERAIENT BIEN DE S'ÉCLIPSER TANT QU'ILS LE PEUVENT ENCORE. PENDANT QUE PETER ÉVITE FLASH, CHERCHE CES ÉLÈVES DANS LES COULOIRS :

CENTRAL !
VOTEZ FLASH
BAL DU LYCÉE
SOIRÉE DE MAGIE
A BAS CENTRAL !
VOTEZ FLASH
VOTEZ JULIE
23e ANNÉE
CONCOURS DE SCIENCES

LA VILLE GROUILLE DE CRIMINELS. J. JONAH JAMESON DEMANDE À PETER DE FAIRE AUTANT DE PHOTOS QU'IL LE POURRA POUR LES UNES DU QUOTIDIEN.
TANDIS QUE PETER PRÉPARE SON REPORTAGE, SAURAS-TU REPÉRER CES GROS TITRES ?
LE QUOTIDIEN RIXE sur le pont de Brooklyn
LE QUOTIDIEN SPIDER-MAN capture le Lézard
LE QUOTIDIEN Le Bouffon Vert dévalise la banque nationale !
LE QUOTIDIEN SPIDER-MAN, une MENACE ?
LE QUOTIDIEN Qui est SPIDER-MAN ?
LE QUOTIDIEN JAMESON récompensé !
LE QUOTIDIEN Electro provoque une coupure de courant
JAMESON rédacteur en chef
LE QUOTIDIEN PROBLÈME sur la toile !

LE QUOTIDIEN
SPIDER-MAN, une MENACE ?
LE QUOTIDIEN
SPIDER-MAN ennemi public n°1
SPIDER-MAN capture le Lézard
LE QUOTIDIEN
Sandman on the Loose!
LE QUOTIDIEN
Le Bouffon Vert
dévalise la banque nationale !

QUEL MEILLEUR MOYEN D'OBTENIR DES PHOTOS POUR LE QUOTIDIEN QUE DE LUTTER CONTRE LE CRIME ? DOCTEUR OCTOPUS TENTE DE CAMBRIOLER LE MUSÉE DES BEAUX-ARTS, MAIS SPIDER-MAN A L'INTENTION DE L'EN EMPÊCHER. PENDANT QUE DOCTEUR OCTOPUS DÉROBE DES TOILES, CHERCHE CES ŒUVRES INESTIMABLES :
CETTE SCULPTURE
CETTE PEINTURE
CETTE PEINTURE
CETTE PEINTURE
CETTE PEINTURE
CETTE SCULPTURE
CETTE PEINTURE

VENOM PROVOQUE UN EMBOUTEILLAGE. SPIDER-MAN SE PRÉCIPITE SUR LES LIEUX, MAIS IL SE REND COMPTE QUE KRAVEN LUI A TENDU UN PIÈGE. TANDIS QUE KRAVEN TRAQUE SES DEUX ADVERSAIRES, À TOI DE REPÉRER CES MOYENS DE TRANSPORT :
CET AVION
CET AVION
CE VOILIER
CETTE FOURGONNETTE
CET HÉLICOPTERE
CETTE FOURGONNETTE
CETTE MOTO
CE TRAVERSIER

SOUS LA VILLE, LE LÉZARD DONNE L'ASSAUT. SPIDER-MAN PARVIENDRA-T-IL À MAÎTRISER L'IMPÉTUEUX REPTILE AVANT QUE LES ÉGOUTS NE SOIENT INONDÉS ? TANDIS QUE LE LÉZARD TENTE DE CHASSER SPIDER-MAN DES ÉGOUTS, SAURAS-TU DÉBUSQUER CES DÉTRITUS ?
LE QUOTIDIEN
UN JOURNAL
UN MIROIR
UN OURS EN PELUCHE
UNE BOTTINE
DES LUNETTES
UNE CANETTE
LE QUOTIDIEN

L'HOMME-SABLE ET LE BOUFFON VERT S'ALLIENT POUR PRENDRE LE CONTRÔLE DU PARC D'ATTRACTIONS ! SPIDER-MAN NE TROUVE PAS ÇA DRÔLE DU TOUT. PENDANT QU'IL AFFRONTE DEUX ENNEMIS POUR LE PRIX D'UN SEUL, TROUVE CES ÉLÉMENTS :

- DES MASSUES DE JONGLAGE
- CE BALLON
- CE CHEVAL DE MANÈGE
- CETTE CABINE DE GRANDE ROUE
- CE HOT DOG
- CET OURS EN PELUCHE
- CE CORNET DE POPCORN

CYCLONE
STAND DE
ROULE-BOULE
CITRONNADE
ty's GRILL

AVEC MYSTÉRIO, MAÎTRE DE L'ILLUSION, SPIDER-MAN VOIT DOUBLE ET MÊME TRIPLE ! S'IL VEUT ROMPRE LE SORT, IL DEVRA TROUVER LE VRAI MYSTÉRIO. PENDANT QUE SPIDER-MAN NE CESSE DE CROISER SA PROPRE IMAGE, DÉMASQUE CES IMPOSTEURS :
MAGIC!!!
7G90

RESTAURANT
CHINOIS
SQUARE
NY
BANQUE

APRÈS CETTE JOURNÉE ÉPROUVANTE, PETER PARKER A PRIS SUFFISAMMENT DE PHOTOS POUR LE QUOTIDIEN, MAIS ÉLECTRO SURGIT À SON TOUR, BIEN DECIDÉ À ABSORBER L'ÉLECTRICITÉ DU MÉTRO ! TANDIS QUE SPIDER-MAN ÉCHAPPE AUX DÉCHARGES ÉLECTRIQUES, REPÈRE CES PASSAGERS :

5th Avenue
Gra
Cent

RETOURNE AU LYCÉE AVANT LA SONNERIE ET CHERCHE CES OBJETS RÉPARTIS DANS LE COULOIR :

FILE À LA RÉDACTION DU QUOTIDIEN POUR DÉNICHER CES INSTRUMENTS :

FAIS DE NOUVEAU LE TOUR DU MUSÉE POUR IDENTIFIER CES VISAGES HOSTILES :

RENDS-TOI VITE SUR LE PONT ET CHERCHE 8 LANCES APPARTENANT À KRAVEN.

PATAUGE DANS LES ÉGOUTS POUR RETROUVER CES ÉLÉMENTS INDUSTRIELS :

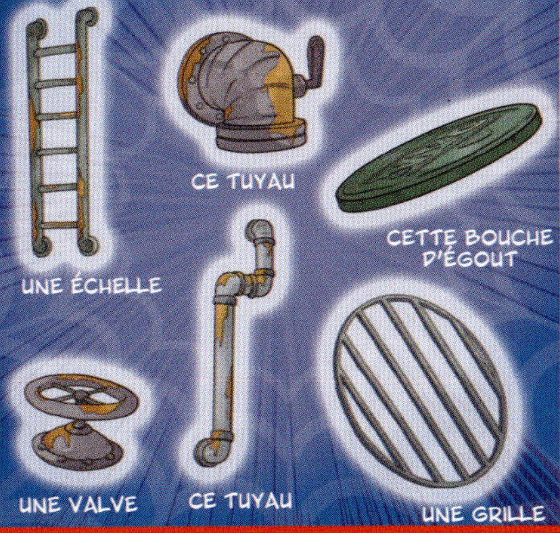

PENDANT QUE TU FAIS LA QUEUE, PASSE LE TEMPS EN TROUVANT 20 BARBES À PAPA.

OBSERVE LES TOURS DE MYSTÉRIO ET REPÈRE CES PANNEAUX PUBLICITAIRES COLORÉS.

ATTENTION : LA HAUTE TENSION D'ÉLECTRO EST DANGEREUSE POUR LA SANTÉ. REGAGNE LE MÉTRO POUR CHERCHER ET ÉVITER CES DÉCHARGES ÉLECTRIQUES :

DANS SA HÂTE À VAINCRE LES MÉCHANTS QUI RÔDENT À TOUS LES COINS DE RUE, SPIDER-MAN A ÉGARÉ QUELQUES PHOTOS. À TOI D'EN TROUVER UNE DANS CHAQUE SCÈNE. J. JONAH JAMESON NE TE LAISSERA PAS T'EN TIRER À BON COMPTE !